CARL-JOHAN FORSSÉN EHRLIN

Inteligência emocional para crianças

Que semana!

Ilustrações de
SILVANA RANDO

Tradução do inglês de
EDUARDO BRANDÃO

Copyright © 2018 by Carl-Johan Forssén Ehrlin
Copyright das ilustrações © 2019 by Silvana Rando

Publicado mediante acordo com a agência Salomonsson.

Grafia atualizada segundo o Acordo Ortográfico da Língua Portuguesa de 1990, que entrou em vigor no Brasil em 2009.

Título original
MODIGA MORRIS: EN VECKA UPP OCH NER

Tradução do inglês
EDUARDO BRANDÃO

Projeto gráfico de capa
SILVANA RANDO

Revisão
LUCIANE HELENA GOMIDE
ADRIANA MOREIRA PEDRO

Tratamento de imagem
M GALLEGO · STUDIO DE ARTES GRÁFICAS

Dados Internacionais de Catalogação na Publicação (CIP)
(Câmara Brasileira do Livro, SP, Brasil)

Ehrlin, Carl-Johan Forssén
   Que semana!: inteligência emoncional para crianças / Carl-Johan Forssén Ehrlin ; ilustrações de Silvana Rando ; [tradução Eduardo Brandão]. — 1ª ed. — São Paulo : Companhia das Letrinhas, 2019.

   Título original: Modiga Morris: En vecka upp och ner.
   ISBN 978-85-7406-846-6

   1. Inteligência emocional em crianças 2. Literatura infantojuvenil I. Rando, Silvana. II. Título.

18-20426   CDD-028.5

Índices para catálogo sistemático:
1. Literatura infantil 028.5
2. Literatura infantojuvenil 028.5

Iolanda Rodrigues Biode — Bibliotecária — CRB-8/10014

2019
Todos os direitos desta edição reservados à
EDITORA SCHWARCZ S.A.
Rua Bandeira Paulista, 702, cj. 32
04532-002 — São Paulo — SP — Brasil
☎ (11) 3707-3500
 www.companhiadasletrinhas.com.br
 www.blogdaletrinhas.com.br
 /companhiadasletrinhas
 companhiadasletrinhas

ANTES DE INICIAR A LEITURA, UMA CONVERSA COM O ADULTO

Nada mais difícil, especialmente para os pais, do que ver uma criança chorar ou sofrer e não poder fazer nada a respeito. Dependendo das circunstâncias, as crianças estão felizes ou tristes, e em certos momentos tudo fica de ponta-cabeça. Espero que este livro proporcione, tanto às crianças como aos adultos, os instrumentos necessários para lidar com as diversas situações que surgem no dia a dia.

Com ajuda do corajoso Mário, vou dar sugestões do que podemos alcançar quando mudamos o pensamento e mostrar as técnicas que podem ser utilizadas com as crianças em situações difíceis. Ler este livro muitas vezes vai ajudar as crianças a se familiarizarem com a maneira de Mário de reagir a certas situações, o que poderá motivá-las a empregar essas técnicas quando precisar.

As experiências de Mário também podem servir de base para você conversar com a criança enquanto lê. Você pode falar de sensações como a dor, a perda, o medo, a gentileza e a alegria. No fim do livro, dou exemplos de como aplicar as técnicas descritas nas histórias. Se você quiser tirar o máximo proveito da leitura, recomendo que leia essas dicas antes de contar a história para seus filhos.

As técnicas usadas neste livro foram extraídas de várias técnicas de coaching, da psicologia e de minhas experiências como coach e professor nos últimos vinte anos. Também tenho dois filhos e procuro auxiliá-los cada vez mais. Essas técnicas foram testadas e ajudaram não só meus filhos, mas milhares de pessoas no mundo inteiro.

Espero que ajudem também a criança para quem você está lendo esta história.

Boa sorte!

Carl-Johan Forssén Ehrlin

CONHEÇA MÁRIO

Mário mora com sua mãe, seu pai e sua irmã mais velha, Molly. Eles acabaram de se mudar, e Mário trouxe todas as suas coisas para a casa nova.

Mário é um garoto corajoso, curioso, que adora se divertir e quase nunca fica triste. Ele gosta de descobrir coisas e brincar com a irmã e os amigos. Ama subir em árvores e se pendurar de cabeça pra baixo nos galhos, fazendo o que ele tem guardado no bolso cair no chão. Ele também gosta de andar de bicicleta, mas tem um pouco de dificuldade para se equilibrar. Por isso, às vezes leva um tombo, mas então tenta de novo, afinal, Mário é um garoto determinado.

Quando crescer, Mário quer ser policial, ou professor, ou astronauta ou, quem sabe, médico. Ainda não se decidiu.

Fica imaginando como deve ser ajudar os outros ou voar pelo espaço. Mário quer fazer um monte de coisas!

Há muito o que se descobrir na nova cidade: parquinhos, árvores para subir, novos amigos... Mário nunca poderia ter imaginado que sua primeira semana seria tão tumultuada.

SEGUNDA-FEIRA

Mário acordou com uma sensação esquisita no estômago. Amanhã é seu primeiro dia na escola nova. Ele não sabe se vai fazer novos amigos por lá. Mário gosta de seus amigos antigos, é claro, mas eles não moram mais na mesma cidade. E se ficasse sem amigos agora? Quanto mais Mário pensa no assunto, mais nervoso fica, até que começa a chorar.

Sua irmã mais velha, Molly, percebe que Mário está ansiosíssimo.

— Como está se sentindo, Mário? — ela pergunta.

— Estou nervoso, e odeio me sentir assim — responde Mário.

— Nervoso por quê?

— Não sei se vou fazer novos amigos para brincar comigo na escola. Eu queria ficar feliz de novo, Molly! Você pode me ajudar?

— Claro que sim. Ninguém consegue te deixar mais feliz do que eu! — diz Molly. — Você tem que pensar assim: tudo o que você sente rodopia dentro do seu corpo como um carrossel. Às vezes essas sensações até transbordam e saem do seu corpo. Se você quer transformar uma sensação em outra, precisa mudar a maneira como ela gira. Você pode brincar tanto com uma sensação, dentro ou fora do seu corpo, que ela fica confusa e desaparece.

Molly agita os braços no ar, mostrando como as sensações podem se mover.

— Experimente fazer isso com sua sensação e você vai ver! — diz ela.

Como Mário é muito curioso, tratou logo de experimentar.

— Ela está girando aqui — diz ele apontando para o próprio corpo —, mas agora mudou de direção e está rodando ao contrário. Olhe só, Molly! Ela vai com tudo, que nem carro de corrida! Agora está saindo do meu quarto, e de casa, e indo pra rua.

Mário deixa seu nervosismo se movimentar em todas as direções possíveis até não o sentir mais. Agora uma sensação engraçada o substitui no seu estômago, e ele cai na risada.

— Eu sabia que ia te deixar feliz de novo — diz Molly. — Amanhã será um novo dia, e tenho certeza de que você vai fazer um montão de amigos.

TERÇA-FEIRA

Hoje é o primeiro dia de Mário na escola nova. Seu pai fica um pouco com ele durante a manhã, e tudo corre às mil maravilhas, mas depois seu pai tem que ir trabalhar.

A escola tem três professoras e muitas crianças com quem Mário pode brincar. Todos são muito legais com ele, mas nem assim o menino consegue parar de pensar nos amigos da sua antiga escola. Mário desata a chorar, sentindo saudade deles.

Uma professora senta ao seu lado.

— Oi, Mário, tudo bem? — pergunta a professora.

— Estou triste. Sinto falta dos amigos que eu tinha na outra escola.

— Entendo que você se sinta assim. Nada mais natural. Topa fazer comigo uma coisa que pode te ajudar? — sugere a professora.

Mário se pergunta do que a professora estaria falando.

— Faça o seguinte: imagine que você tem uma foto desses seus amigos na sua frente. Está vendo a foto? Onde ela está?

Mário aponta para a frente e responde:

— Bem ali!

— Muito bem! Agora vamos mudar a foto de lugar. Imagine que você pega o retrato, coloca dentro do coração e o deixa guardado aí. Agora seus amigos vão sempre estar com você, dentro do seu coração, não importa onde você esteja.

Mário faz o que a professora sugere e guarda o retrato em seu coração. Ele se sente transbordando de afeto, todo feliz quando pensa em seus velhos amigos.

— Agora, imagine que está vendo um novo retrato no mesmo lugar. Nele, você está com seus novos amigos, aqui na escola. Veja como vocês estão brincando e se divertindo no retrato — diz a professora.

Mário fica olhando um tempinho para o retrato imaginário. Depois levanta e diz:

— Vou brincar com meus novos amigos!

O dia passa num piscar de olhos. Quando os pais de Mário chegam para buscá-lo, ele conta como se divertiu e quantos novos amigos já fez. Mário não vê a hora de o dia seguinte chegar para ir à escola e brincar com eles de novo.

QUARTA-FEIRA

Mário teve um dia muito legal na escola. Ele ficou quase o tempo todo se divertindo com seus novos amigos: eles brincaram no tanque de areia, pularam corda e muito mais. Quando brincaram de floresta, cada um fingiu que era um bicho. Mário era uma minhoca, e ficou rastejando pelo chão. Você nem imagina como ele estava sujo quando sua mãe foi buscá-lo.

Quando chegam em casa, ela decreta:

— Hora do banho!

Ela enche a banheira e faz um montão de bolhas de sabão. Mário pula dentro e brinca na água com seus barcos e patinhos de borracha, fazendo mais bolhas ainda. Ele é um pirata, o rei dos mares!

De repente, Mário vê uma aranha na parede e se assusta. Vai rapidinho para a outra ponta da banheira.

— MANHÊÊÊÊÊ! — berra.

— Que foi? — sua mãe acode.

— Tem uma aranha nojenta na parede. Ali, ó! — responde Mário, apontando.

— Aquele bichinho ali? — ela pergunta.

Sua mãe diz que aquela aranhazinha se chama Tina. E conta uma história:

— Era uma vez uma aranhazinha chamada Tina que foi visitar sua avó. Vovó aranha deu para Tina oito meias vermelhas que ela havia tricotado. Disse à netinha que era para ela usar quando fizesse frio. "Mas não se esqueça de emprestá-las para suas amiguinhas se elas precisarem", disse a vovó. Toda contente, Tina também pegou emprestado o velho chapéu laranja de sua avó. A aranhazinha ficou tão feliz com o chapéu e as meias que foi saltitando o caminho todo de volta pra casa. Tina usou muito o chapéu e as meias, mas, como sua avó havia lhe dito, ficava feliz ao emprestá-los para suas amiguinhas. — A mãe termina a história e pergunta: — Mário, você sabe se a Tina está usando as meias vermelhas e o chapéu laranja hoje? Ou será que ela emprestou para uma irmã ou uma amiga?

Confuso, Mário olha para a mãe e depois para a aranha.

— Não, mamãe. Não estou vendo nem meias nem chapéu. Tina deve ter emprestado para alguém.

A mãe acha graça e pergunta:

— Você sabia que a aranhazinha Tina gosta de dançar quando a gente canta pra ela? Vamos ver se ela dança pra gente?

Eles cantam "Baila comigo", e se remexem com a música. Ao mesmo tempo, imaginam que a aranhazinha estava dançando toda feliz.

Tina subiu pela parede e entrou no meio de uma pirueta num buraquinho. Mário nunca mais teve medo da Tina nem de nenhuma outra aranha. Ao contrário, elas se tornaram suas amigas.

QUINTA-FEIRA

Mário está indo a pé com seu pai para a escola. Ele está feliz, correndo atrás de umas borboletas que tinham acabado de acordar. De repente leva um tombo e arranha um pouco o nariz, fazendo um machucado que lateja e dói. Mário começa a chorar, mas seu pai o consola:

— Eu sei que dói. Mas sabe o que você pode fazer para o seu nariz doer menos e até parar a dor?

Curioso, Mário olha para o pai, com lágrimas escorrendo até o queixo.

— Está vendo aquela moça de bicicleta logo ali? — pergunta o pai.

— Estou — responde Mário, fungando.

— Bom, vamos botar o pedaço que dói na bicicleta, que assim ele vai embora com a moça — explica o pai. — De que cor é a dor que você está sentindo?

— Vermelha! — responde Mário.

— Se ela pudesse emitir um som, qual você acha que seria?

— *Ai!* — responde Mário com convicção.

— Boa! E qual seria a forma da dor?

— Pareceria uma bola de futebol.

— Ou seja, uma bola vermelha que diz "*Ai!*"? — pergunta o pai.

— Isso — responde Mário, um pouco mais calmo. — Mas ainda dói, papai.

— Vai passar logo, logo — diz o pai, tranquilizando Mário. — Pegue a bola vermelha e ponha ela naquela bicicleta — ele fala apontando para a moça que se afastava pedalando. — Agora ela está indo embora, e o pedaço que dói vai

desaparecer também. E além disso, quanto mais ela pedalar, mais depressa o seu arranhão vai sarar.

Mário observa a bicicleta. Ele finge que a bola vermelha vai quicando em direção a ela. Toda vez que quica, a bola berra "*Ai! Ai!*". A bola quica até alcançar a bicicleta e cai dentro da cesta bem na hora em que a moça desaparece já bem longe deles.

— Deu certo, papai! — exclama Mário. — Toda a dor foi embora e sinto que o arranhão já está sarando! — Mário enxuga as lágrimas e dá a mão para seu pai. Assim eles seguem o resto do caminho até a escola.

Na hora do recreio, Mário conta a seus amiguinhos como seu pai o ajudou a se livrar da dor. E mostra o arranhão, que estava sarando cada vez mais depressa.

SEXTA-FEIRA

É hora do almoço na escola e Mário está faminto. Às vezes ele cisma que não gosta de certas coisas. Hoje, não gosta de brócolis. Mário não tem vontade de comer, apesar de estar morrendo de fome — na verdade, nem se lembra por que não gosta de brócolis.

— Não gosto de brócolis — diz a uma das professoras.

— Isso não é bom — ela replica. — Você está com fome?

— Sim.

— Nunca te aconteceu dizer ou pensar que não gosta de uma coisa e depois descobrir que, na verdade, gosta sim? — pergunta a professora.

— Bom... uma vez estava no jardim zoológico com meu pai e fomos comer. Ele pediu salada de berinjela. Aí eu disse que não gostava de berinjela. Mas meu pai me convenceu a experimentar mesmo assim, e eu gostei.

— Que bom! Você se lembra de outras vezes em que isso aconteceu?

— Uma outra vez eu estava com muita fome, mas minha

mãe só tinha uma banana pra me dar. Eu não gostava de banana, mas experimentei mesmo assim. Comi a banana inteira e achei uma delícia — diz Mário todo orgulhoso. — Ah, e teve uma vez em que veio cogumelo na minha sopa — prosseguiu animado. — Quando vi, quase vomitei. Achei os cogumelos nojentos! Mas resolvi provar e vi que era delicioso.

— Então, muitas vezes você experimentou uma coisa e acabou gostando. Tenho certeza de que isso vai voltar a acontecer. Quem sabe agora mesmo? — diz a professora.

Mário olha com curiosidade para o brócolis no seu prato. Ele se enche de coragem e decide provar um pedacinho. Põe lentamente um pedaço de brócolis na boca e começa a mastigar. Está calado e concentrado. Que gosto tem aquilo? Cogumelo? Berinjela? Os dois? Ou será de banana? Sorri para a professora e pega outro pedaço com o garfo. Mário está feliz. Descobriu que gosta de brócolis.

Chegando em casa, conta para seus pais como aprendeu a comer brócolis na escola e como foi corajoso. No jantar, pede brócolis de novo.

SÁBADO

Mário teve um dia bem divertido com sua irmã Molly. Fizeram um bolo, andaram de bicicleta, pularam corda... O que ele mais gostou foi de fazer o bolo. Molly derramou um montão de farinha, que deixou seu rosto branco que nem fantasma. Todo mundo riu com isso, até Molly. Mas agora o dia chegou ao fim e está na hora de Mário ir para a cama. Sua mãe apaga a luz e o quarto fica completamente escuro. Mário começa a tremer de medo.

— Odeio quando tudo fica preto — diz Mário.

Sua mãe pensa um pouco e diz:

— Você já pensou que o preto é só uma cor?

— Como assim, mãe?

— Bem, suas roupas e seus brinquedos são de várias cores, não são?

Mário faz que sim e responde:

— É verdade, são.

— Quando fica escuro aqui, todas as coisas do quarto mudam de cor. Só isso. Tudo continua sendo exatamente como era quando a luz estava acesa. Se você quiser, pode imaginar que tudo no seu quarto está ficando com uma cor diferente. O preto vira azul, amarelo ou qualquer cor que você quiser. Sua cor predileta, por exemplo. Quando eu apagar as luzes, você pode deixar sua cabeça pensar todo tipo de coisas divertidas e esquecer o resto — ela continua. — Mesmo que o quarto fique escuro no começo, seus olhos logo se acostumam. Aí você vai poder enxergar um pouco mais, mesmo que as cores fiquem um pouco diferentes do que são de dia. Quando a luz estava acesa, você não podia ver as estrelas no céu pela janela. Só quando está escuro é que elas aparecem.

— As estrelas são tão lindas, mãe! — diz Mário. — Então, se eu me acostumar com o escuro, vou poder enxergar as estrelas enquanto caio no sono? — pergunta Mário.

— Exatamente. Vai poder fazer isso todas as noites — responde sua mãe, cobrindo-o bem.

— Vou começar a gostar do escuro — diz Mário.

Sua mãe canta "Brilha, brilha, estrelinha", enquanto Mário, deitado na cama, olha para as estrelas. Tenta contá-las, mas seus olhos vão se fechando de cansaço. Quando Mário já está quase dormindo, sussurra:

— Não tenho mais medo do escuro.

Sua mãe lhe dá um beijo na testa e diz:

— Você é tão corajoso! Boa noite, meu amor.

DOMINGO

Mário acorda se sentindo feliz da vida. Sua família toda vai hoje ao parque. Ele vai brincar no trepa-trepa, no balanço, e curtir o dia com os pais e a irmã. Pula correndo da cama e confere se todo mundo está acordado e pronto para sair.

Tem um mundo de gente no parque, pais e filhos. Mário adora subir bem alto no trepa-trepa. Então ouve uma criança chorar. Um menininho está sentado no topo do brinquedo.

— Por que está chorando? — pergunta Mário.

— Estou com medo, não consigo descer — diz o menino.

Mário tem uma ideia. Quem sabe não consegue fazer o garoto se sentir melhor e esquecer do medo, como Molly fez com ele. Resolve tentar.

— Imagine que você pega essa sensação de medo e a faz girar na outra direção dentro do seu corpo. Ou imagine que ela sai voando pelo espaço — diz Mário.

— Vou tentar — diz o menino, e bota a imaginação para trabalhar. — Uau, não é que funciona! — Os dois descem

juntos. O garotinho está tão feliz! E Mário, todo orgulhoso por ter sido capaz de ajudar.

Mário vai até os balanços. Vê uma menina sentada num deles, tremendo de medo de uma aranha. Ele resolve ajudá-la também e pergunta:

— A aranha está de meias vermelhas e com um chapéu laranja?

— Ahn? Não — responde a menina, espantada. — Aranha não usa meia nem chapéu. Ou usa?

— Bom, vai ver que ela emprestou para uma amiga — diz Mário e continua a se balançar. A menina olha para ele, confusa, depois solta uma gargalhada. Volta a se balançar sem dar bola para a aranha. Sente-se segura e feliz de novo.

Mário e seu pai estão escalando um trepa-trepa. Seu pai despenca e machuca a perna. Dói pra chuchu. Mário o ajuda a se livrar da dor, do mesmo modo que seu pai o ajudou quando ele caiu. Mário pergunta de que cor é a dor, como era seu som e que forma ela tinha. Seu pai responde e logo se sente melhor. Dá um abraço em Mário e diz:

— Obrigado pela ajuda, Mário. A dor na perna passou quase toda. Você aprendeu muita coisa nesta semana cheia de desafios. Você é um menino corajoso, Mário. Fico me perguntando quem é que você vai ajudar amanhã. Agora vamos fazer nosso piquenique. Que tal comer o bolo que você e a Molly fizeram ontem?

DICAS PARA USAR ESTE LIVRO

Nesta parte do livro, você, adulto, pode saber mais sobre as técnicas aprendidas por Mário e usá-las com crianças que estiverem em situações parecidas. Primeiro, vou compartilhar algumas dicas gerais que é bom ter em mente quando for a sua vez de tentar. Depois, descrevo as técnicas que Mário aprendeu durante a semana e dou exemplos de aplicação.

Meus muitos anos de experiência como coach e educador me convenceram de que essas técnicas funcionam melhor com algumas crianças do que com outras e que, eventualmente, pode ser necessário repeti-las algumas vezes antes de se tornarem um método natural de lidar com situações desafiadoras. Algumas crianças adotam as técnicas no mesmo instante, outras desejam falar sobre elas e testá-las várias vezes antes de acreditar que funcionam. Nenhuma das duas atitudes é certa ou errada: são apenas meios diferentes de assimilar novos métodos. Seja paciente, continue confiando nas técnicas e transmita essa confiança à criança.

Às vezes os pequenos não querem ouvir toda a história,

preferindo falar sobre algo que aconteceu certo dia e sobre suas experiências e sensações em situações semelhantes. Dedique todo o tempo necessário para conversar sobre os sentimentos deles, deixando a leitura para depois. A proposta deste livro é iniciar um diálogo com a criança e incutir a ideia de ser capaz de enfrentar as situações difíceis tratando-as de uma maneira diferente. Espero que você possa se valer das situações descritas aqui como instrumentos de aprendizado.

O livro descreve situações baseadas num núcleo familiar clássico, com mãe, pai e irmã/irmão. Se quiser, você pode modificar o texto de modo a adaptá-lo à situação da sua família, qualquer que seja. Por exemplo, em vez do pai, pode ser um tio ou um avô, em vez da mãe, uma irmã ou uma avó.

O EFEITO DO COMPORTAMENTO

Para convencer a criança de que as técnicas que Mário utiliza no livro de fato funcionam, você próprio tem que acreditar nelas ou dar uma chance ao ilimitado potencial do livro. É aí que a mágica acontece. O adulto tem um importantíssimo papel de modelo para os pequenos. Se você ficar com medo de uma aranha inofensiva quando a criança a vê, ela vai aprender a ter medo de aranhas também. É por isso que você deve praticar o autoconhecimento e examinar como se comporta em situações semelhantes às de Mário para ter êxito no uso deste livro. Se um adulto mostrar à criança que está calmo e que acredita na história, a magia do livro vai criar raízes.

MAPA MENTAL

Cada um vive o mundo de um modo diferente. É por isso que não existe uma realidade universal com a qual todos se identificam. Nós vivemos em "mundos" diferentes. A interpretação que temos da realidade é moldada a partir da nossa experiência, nosso conhecimento, nossa cultura e muitos outros fatores que influenciam como vivenciamos o mundo. A base do nosso mapa mental é formada quando somos jovens e tem efeito sobre nossas decisões mesmo quando adultos. Para ajudar uma criança, às vezes temos que deixar de lado nossos mapas mentais e os pensamentos e opiniões que consideramos verdadeiros. Se um adulto acredita que é fácil mudar as coisas, as mudanças vão acontecer. Se achamos que é fácil, vai ser fácil para a criança também. Mantenha sua mente aberta e ajude seus filhos o máximo que puder. Se você for capaz de transmitir o que acredita de forma convincente, ajudará a criança ao longo de toda a vida dela.

SENTIDOS PREDOMINANTES

Assim como nós, adultos, aprendemos de jeitos extremamente diferentes, as crianças também têm uma grande variedade de forças sensoriais que influenciam seu aprendizado. Uns vão entender melhor as referências à visão, outros à audição, outros ao tato. É por isso que as técnicas do livro variam e utilizam os diversos sentidos para estimular da melhor maneira o aprendizado da criança. Isso significa que certas técnicas provavelmente atrairão mais umas crianças do que outras. É bom o adulto observar o que funciona melhor com a criança e procurar interagir da mesma maneira com ela em situações parecidas. Se você é criativo, vai descobrir novas técnicas que utilizam o sentido ou os sentidos a que a criança melhor responde. Mantenha sua mente aberta e divirtam-se juntos — a mudança que vocês dois buscam logo virá.

ROMPENDO COM ATITUDES MENTAIS

Às vezes você fica preso a certo estado de espírito ou pensa de uma maneira que o impede de resolver um problema. O objetivo das situações que Mário encontra e de como ele lida com elas é mostrar o poder de pensar de uma nova maneira quando se está numa situação vulnerável. Só então você consegue mudar sua forma de enxergar a situação e de como vivencia as coisas. Com o uso de símbolos, cores e movimentos, você pode romper criativamente com velhos padrões de pensamento, tornando o cérebro mais receptivo a novas ideias e sensações. Ao experimentar as técnicas no dia a dia, você ajuda a criança a romper com uma atitude mental negativa, fazendo com que ela se sinta melhor.

SEGUNDA
Ansiedade por entrar em um novo grupo

DESCRIÇÃO DA TÉCNICA

Podemos imaginar as emoções que sentimos girando em partes do nosso corpo, nele inteiro e até fora de nós. Não existe certo ou errado: todas as pessoas representam e simbolizam as sensações de um modo diferente. Ao brincar com o nervosismo de Mário, sua irmã o ajuda a redirecionar sua sensação e a se apegar a outras mais positivas. Mudando a direção da sensação e seu movimento, a consciência fica desorientada e se torna receptiva a novas sensações.

UMA COISA A SER PENSADA

Você pode fazer a criança imaginar, se necessário, que as sensações giram dentro do corpo, entram e saem dele, quicam no chão ou batem numa parede e correm de volta para dentro do corpo, de modo que a nova sensação positiva se fortalece. Teste o que funciona melhor e divirtam-se juntos.

EXEMPLO

Às vezes eu enjoo quando viajo de avião ou dou voltas num carrossel. Quando paro e analiso como me sinto, tenho a nítida sensação de que o enjoo se move dentro de mim.

Nessas ocasiões, eu me divirto mudando o sentido em que ele gira, e isso contribui imediatamente para acalmar essa sensação em meu corpo.

TERÇA
Saudade dos amigos

DESCRIÇÃO DA TÉCNICA

Quando pensamos em determinada lembrança, tendemos a olhar sempre para a mesma direção. Quando pensamos em algo de que gostamos, nossos olhos costumam mirar um ponto; quando pensamos numa coisa de que não gostamos, eles geralmente focam num local diferente. O que acontece é que estamos olhando para imagens mentais que tínhamos "colocado" ali. Tais imagens representam essas lembranças e sensações. Nosso subconsciente as cria e coloca fora de nós. Tendo consciência disso, podemos aprender a mudar de lugar as imagens mentais e assim mudar como nos sentimos. Na história, Mário é orientado por uma professora a substituir a imagem dele brincando com seus amigos de antes e inserir uma nova imagem no mesmo lugar. Na nova imagem, Mário se vê brincando com seus novos amigos. Isso acelera uma mudança interior.

UMA COISA A SER PENSADA

Se você quiser usar essa técnica com uma criança, é importante não obstruir o campo visual dela quando lhe pedir para imaginar algo, porque desse modo a impedirá de enxergar a imagem. Em vez disso, posicione-se ao lado dela e olhe na mesma direção — se quiser, aponte para onde essa imagem deve estar. Então, trate de reforçar a sensação que a imagem provoca na criança. Se ela não vê uma imagem, peça que a invente.

EXEMPLO

Utilizei essa técnica inúmeras vezes para ajudar adultos a realizar grandes mudanças em suas vidas. Um dos motivos mais comuns é fortalecer a autoconfiança. Quando você visualiza uma situação ou uma pessoa que simboliza a segurança, você pode visualizar a sua própria autoestima. No caso dos meus pacientes, se os vejo olhando em várias direções é porque veem imagens aparecendo em vários lugares; então eu os ajudo a mover por conta própria as imagens de si mesmos para o lugar que simboliza segurança. De repente eles se espreguiçam e tem início uma mudança interior que os ajudará a se conectar inconscientemente com essa pessoa autoconfiante e acreditar mais em si mesmos.

QUARTA
Medo de aranha

DESCRIÇÃO DA TÉCNICA

O medo de aranha é comum e pode, às vezes, evoluir para fobia. Em alguns casos, é um medo legítimo porque existem aranhas venenosas e até mesmo mortíferas. Apesar de as aranhas venenosas serem relativamente raras na maior parte do mundo, às vezes experimentamos um medo incorreto e excessivo dessas pequenas criaturas. É um instinto que vem de longe, da época em que nossos ancestrais viviam entre animais perigosos. Em nossa história, com a ajuda da mãe, Mário consegue mudar esse medo, alterando a associação que faz com as aranhas.

UMA COISA A SER PENSADA

Costuma ser relativamente fácil ajudar uma criança com esse tipo de técnica, desde que você se concentre em deslocar a associação para algo positivo. Você pode ser criativo e se divertir ao aplicar esta técnica. Vai ser ainda melhor se a criança der sugestões de como pensar na aranha. Faça perguntas: o que você acha que a aranha gosta de fazer quando não vai à escola? Acha que ela gosta de jogar futebol com suas coleguinhas aranhas? Será que, quando jogam futebol, a rede do gol é de teia de aranha?

EXEMPLO

Muitos clientes me procuraram por ter medo de aranha. Criamos juntos novas formas de associação para esses animais, fazendo com que mudem a imagem mental que têm deles. Eu os fiz pôr um chapéu ou meias de lã engraçadas ou um nariz de palhaço. No caso de fobias mais fortes, eu os fiz também passar um vídeo mental, avançando e retrocedendo, no qual eles deviam mudar a maneira como agiriam se vissem uma aranha no filme. Se você imaginar também uma trilha sonora boboca para o filme, fica até mais fácil efetuar a mudança. Na maioria dos casos, basta mudar a imagem da aranha para dissipar o medo, especialmente nas crianças que não têm a menor dificuldade para usar a imaginação.

QUINTA
Machucando-se

DESCRIÇÃO DA TÉCNICA

Mário cai no caminho para a escola e se machuca. Para ajudá-lo a lidar com a dor, seu pai pede que ele atribua uma cor, uma forma e um som a ela. Ao imaginar a dor como um objeto, seu cérebro se distancia da sensação e assim a diminui. No livro, o pai pede a Mário para pegar a coisa que simboliza a dor e a mande embora numa bicicleta que está se afastando, fazendo com que o cérebro se distancie mais ainda da experiência.

UMA COISA A SER PENSADA

Envolva o máximo possível de sensações quando pedir para a criança descrever a dor e repita o que ela disser. Quanto mais real você tornar o símbolo da sensação da dor, ou qualquer outra emoção que queira alterar, mais o cérebro acreditará nele e aceitará a mudança que ocorre quando o objeto é descartado.

EXEMPLO

A primeira vez que empreguei essa técnica com meu filho mais velho foi num restaurante, quando ele tinha três anos de idade. Ele havia machucado o dedo e berrava de dor. "De que cor é a dor?", perguntei na hora. "Vermelha", ele respondeu. Continuamos a descrever a sensação, depois a jogamos num vaso de flores. Ele se acalmou e continuou a comer. Depois desse incidente, ficou cada vez mais fácil usar essa técnica sempre que alguma coisa acontecia, porque ele aprendeu o que fazer.

SEXTA
Recusar a comida

DESCRIÇÃO DA TÉCNICA

Nosso cérebro gosta de generalizar as coisas. Se um dia nos queimamos num fogão vamos ficar um bom tempo com medo de nos queimar em qualquer fogão, se não alterarmos a associação. É comum as crianças cismarem que há algo de errado na comida — foi mal servida, os alimentos estão grudados um no outro, ou seja lá o que for —, e elas generalizam essas ideias até serem convencidas do contrário. Um modo de romper com essa atitude é fazer o cérebro se concentrar bastante no modo desejado de pensar, fornecendo vários exemplos a fim de generalizar a atitude positiva.

UMA COISA A SER PENSADA

Procure fazer a criança dar exemplos formulando perguntas relevantes. Se ela não der nenhum, ajude-a fazendo perguntas sobre diferentes situações com que você tenha familiaridade. Procure apresentar três, quatro ou mais exemplos que reforcem o comportamento ou a atitude desejada. Evite exemplos negativos que possam levar a generalizações danosas.

EXEMPLO

Como as crianças, às vezes necessitamos ouvir que somos bastante bons do jeito que somos. Se a criança espera obter de um adulto a confirmação disso mas não a recebe, ela vai começar a duvidar de si mesma. Esse comportamento muitas vezes continua na idade adulta: orientei uma porção de adultos que nunca haviam começado a acreditar em si mesmos devido a uma repetida falta de confirmação na sua infância. Para modificar essa espécie de autoavaliação num adulto, fazemos exatamente o que ocorreu com Mário, que começou a pensar em algumas lembranças positivas e foi capaz de transformar uma atitude negativa numa positiva.

SÁBADO
Medo do escuro

DESCRIÇÃO DA TÉCNICA

Mário tem medo do escuro e não gosta quando sua mãe apaga a luz. Essa situação pode ser usada beneficamente como parte de uma perspectiva mais ampla para ensinar a criança a lidar com o escuro em outros contextos. A mãe de Mário o ajuda a mudar sua atitude mental ante o significado da escuridão. Ela minimiza o escuro fazendo seu filho pensar nele como apenas uma cor e depois o ajudando a focar nos aspectos positivos do escuro, como o de permitir enxergar melhor as estrelas.

UMA COISA A SER PENSADA

Nós, adultos, podemos ajudar as crianças a usar sua imaginação para enxergar o mundo de outra maneira quando uma coisa as assusta. Se acreditarmos no que desejamos transmitir, a criança vai ficar mais propensa a seguir nosso conselho.

EXEMPLO

Eu me lembro de uma situação que se deu quando estava dando banho no meu filho. Por alguma razão, acabou a luz e o banheiro ficou totalmente às escuras. Meu filho começou a ficar ansioso. Mantive a calma e falei com ele da luz como cor, tal qual no livro. Ele começou a falar de coisas escuras e pouco depois nossos olhos começaram a se acostumar, e pudemos enxergar o banheiro cada vez melhor. De repente a energia voltou e as luzes acenderam. Foi a primeira vez que ele se encontrou subitamente no escuro, e minha abordagem de pai o impediu de fazer uma associação negativa com a escuridão.

DOMINGO
Um dia no parque

DESCRIÇÃO DA TÉCNICA

Domingo é um dia positivo quando tudo corre do jeito que Mário gosta. Ele começa a utilizar seus novos conhecimentos para ajudar outras crianças, tal como faz seu pai. Na história, esse dia tem por objetivo lembrar a criança do que havia acontecido e, ao mesmo tempo, reforçar o aprendizado dos outros dias mostrando como ele pode ser utilizado em outros contextos, com outras crianças — e até com adultos.

UMA COISA A SER PENSADA

Sendo a intenção deste livro semear as técnicas de como fazer para suavizar os problemas que surgem no dia a dia, a história desse domingo mostra como você pode trabalhar com a criança para manter esses novos enfoques vivos. Se você utilizar suas conversas rotineiras a fim de estabelecer uma relação com o que sucede no livro, a criança será capaz de se valer do que aprendeu quando surgirem problemas semelhantes aos que Mário enfrenta e terá mais vontade ainda de experimentar essas técnicas — e, espero, ser ajudada por elas. Uma boa ideia é se referir ao livro sempre que necessário: você se lembra de quando Mário caiu e se machucou?

EXEMPLO

Na vida cotidiana, sempre converso com meu filho mais velho, lembrando-o das coisas que fez. Menciono situações em que seu comportamento deu certo. Ele pode ter ouvido outra criança chorar, ter ido ver o que acontecia e resolvido ajudá-la, ou aprendido a ir ao banheiro sempre que sentia necessidade. Experiências como essas são fortalecedoras para ele, porque o fazem lembrar de seus sucessos. Tudo isso vai constituir a base do seu comportamento para o resto da vida. Quanto mais você pensa numa lembrança, mais fácil é trazê-la à tona quando necessário, o que vai ter uma maior influência sobre seus pensamentos. Lembre-se disso.

SOBRE O AUTOR

Carl-Johan Forssén Ehrlin é formado em psicologia behaviorista com especialização em programação neurolinguística. Por muitos anos, foi palestrante de cursos na Suécia nas áreas de liderança, comunicação e desenvolvimento pessoal. Carl-Johan também é professor de comunicação na universidade Jönköping, mas atualmente trabalha principalmente como escritor.

SOBRE A ILUSTRADORA

Silvana Rando nasceu e cresceu em Sorocaba, interior de São Paulo. Apaixonada por livros infantis, começou a trabalhar como ilustradora em 2006. Já ilustrou mais de trinta títulos e hoje também é autora. Em 2011, seu livro *Gildo* (Brinque Book, 2009) foi contemplado com o prêmio Jabuti de ilustração de livro infantil.

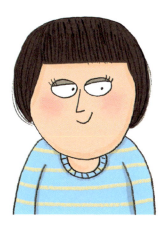

A marca FSC® é a garantia de que a madeira utilizada na fabricação do papel deste livro provém de florestas que foram gerenciadas de maneira ambientalmente correta, socialmente justa e economicamente viável, além de outras fontes de origem controlada.

Esta obra foi composta em Quattrocento e impressa pela Geográfica em ofsete sobre papel Alta Alvura da Suzano S.A. para a Editora Schwarcz em novembro de 2019